Hans Kruppa

FÜR IMMER DU

Liebesgedichte

HERDER

FREIBURG · BASEL · WIEN

4. Auflage

Alle Rechte vorbehalten – Printed in Italy
© an den Texten by Hans Kruppa 2001
www.hans-kruppa.de
© für diese Ausgabe Verlag Herder Freiburg im Breisgau 2001
www.herder.de
Satz: Layoutsatz Kendlinger
Herstellung: L.E.G.O. Olivotto S.p.A., Vicenza 2003
ISBN 3-451-27514-7

Inhalt

Herzklopfen 7

Entflammt 27

Offene Fragen 79

Aus und vorbei 115

Wünsche und Träume 143

Für immer du 167

Herzklopfen

Verabredung

Mit meiner Zukunft
habe ich mich verabredet.
Gestern sah ich sie
zum ersten Mal
in aller Klarheit.
Sie strahlte mich an;
ich ging ohne Scheu
auf sie zu.

Alle fragen mich,
ob ich verliebt sei.

Immer näher

Mein Blut singt
deinen Namen,
und meine Poren
atmen deinen Duft.
Mein Herz schweigt
unser Geheimnis,
und mein Körper
lächelt still
in sich hinein,
wo er dir näher
kommt und
immer näher.

Wie du Licht bringst
in das Dunkel
hinter meinen
geschlossenen Lidern!

Dankbarkeit

In einer Nacht hast du
mit deiner Liebe mühelos
eine verschlossene Tür
in mir geöffnet,
vor der ich immer schon
sehnsüchtig gewartet hatte,
ohne es zu wissen.

Du hättest den Schlüssel behalten können
oder verstecken, irgendwo vergessen
oder ihn einfach wegwerfen.
Du hättest versuchen können,
mich damit zu erpressen,
aber du hast ihn mir geschenkt –
so leichten Herzens,
als hättest du noch ein Duplikat.

Ich hab ihn meiner Dankbarkeit
um den Hals gehängt,
weil sie noch nie
etwas verloren hat.

Wie gerufen

Wie gerufen
kommt der Frühling
in allen Farben,
allen Düften meiner Freude
über unsre immergrüne Zuneigung,
und ich tanze wild im Gras,
küsse den Boden deiner Liebe,
aus dem mehr Blumen wachsen,
als ich je entdecken kann.

Nach Möglichkeit

Wir sind uns
nahegekommen.
So nah,
daß wir uns
noch näher
kommen wollen.
Nach Möglichkeit
so nah
wie möglich.

Endlich

Quellwasserklar ist alles,
seit die Tür offen steht.
Ein leuchtendes Schweigen,
das immer tiefer geht.

Du und ich ganz ineinander –
und zwischen uns
ein warmes Fließen,
sanftes Zauberglück –
zeitloses Genießen.

Gewachsen

Du bist
mir gewachsen –
wie Paradiesfrüchte
am Baum
der Erkenntnis,
daß wir
zusammengehören.

Tanz mit dir

Glasscherben im Sand.
Du tanzt barfuß
nach der Musik
in deinem Herzen –
deine Augen
sind geschlossen.

Soll ich dich warnen?

Doch du tanzt
so schön und frei,
lächelst die ganze
Welt an.

Ich ziehe
meine Schuhe aus
und tanz mit dir.

Und plötzlich spüre ich:
unsere Füße berühren
gar nicht den Boden.

Antwort

Deine Zeilen –
so wunderschön, so klar,
daß ich sie immer wieder lesen muß.

Meine Erinnerung an deinen Blick –
so zaubervoll, so sanft,
daß ich mich ohne Zögern schenkte:
im Nu war ich verwandelt
in Atem, Leib und Seele.

Und es war nur ein Schritt.

Frohe Gedanken an
eine Zeit mit dir allein –
ein Aufblühen in
zeitlosem Ineinandersein.

Der Weg liegt frei.

Ein Warten ohne Wartezeit.

Dein Sprung

Du bist ganz einfach
über den Schatten
deiner Ängste gesprungen
und hast mir gezeigt,
was du fühltest,
als ich schon
so gut wie sicher war,
daß die Mauer
deiner Worte halten würde.

Schön war dein Sprung,
unverhofft mutig und sanft,
mitten ins Herz
des befreiten Augenblicks.

Wenn du kommst

Meine Liebe schläft
und träumt von dem Moment,
wenn du kommst
und sie erweckst
mit deinem Zauberlächeln,
das meinem Leben
den Glanz zurückgibt,
den es verloren hat
im Umgang mit Menschen,
die Magie für Illusion halten.

Die Anfänge auskosten

Es ist schön,
dich ein bißchen zu kennen
und deine Telefonnummer
in meinem Kopf zu haben.
Es ist schön,
so etwas wie Liebe
zwischen uns für möglich zu halten,
auch wenn alles unverbindlich ist –
wie zwischen Fremden,
die sich auf der Straße zulächeln.

So ist es ein Abenteuer,
dein Gesicht unauffällig
mit meinem Blick zu streicheln,
wenn du zur Seite siehst –
und mich zu freuen,
wenn deine Augen manchmal
für Sekunden strahlen
und noch schöner werden,
wenn sie in meine schauen.
Ja, es ist schön,
die Anfänge auszukosten
und nicht nach ihrer
Entwicklung zu fragen.

Der erste Zug

Nimm in der Liebe
immer gleich den ersten Zug,
auch wenn du nicht
auf eine Reise vorbereitet bist.

Der zweite, falls er kommt,
wird dich nicht dorthin bringen,
wohin der erste dich gebracht hätte.

Der zweite Zug hat immer
auch nur das zweitbeste Ziel.

Der hohe Besuch

Sanft und zart
erfüllt der hohe Besuch
Körper und Seele
mit Schönheit und Sinn,
und Gelassenheit lächelt
über die Weltmauern hinaus,
wo alle Sehnsucht ihr Ziel
und ihren Ursprung hat.

Weich und warm
berührt der hohe Besuch
Herz und Bewußtsein
und schenkt Entgrenzung,
die unvergeßlich bleibt
und nie mehr verloren geht.

Hörst du das lautlose,
herrliche Lachen der Befreiung?

Ein Teil von mir

Ich habe etwas gefunden,
das ich lange suchte.
Es wurde mir geschenkt
von höherer Hand.

Ich werde diese
Gabe des Himmels
nie mehr verlieren,
denn sie ist
ein Teil von mir.

Entflammt

Laß alle Feuer brennen

Laß alle Feuer brennen,
lösch keins aus!
Wir brauchen alle,
sie müssen flackern, leuchten,
damit die Nacht zum Tag wird,
das Vielleicht zum Ja,
der Wunsch zum Leben.

Innen und außen

Meine Liebe steht in Blüte!
Aus allen Poren ihres Wesens
duftet es süß – berauschend
nach erwecktem Leben.

Draußen rieselt erster Winterschnee.
Meine Liebe atmet Frühling:
ihr Mund ein Blütenkelch,
gefüllt mit Zaubertrank.

Ihr Blick befruchtet,
was er in mir berührt.
Schneeflocken fallen sanft,
erinnern mich an Blütenstaub.

Überzeugung

Das ist nicht der Ort,
Träume in die Wirklichkeit
zu überführen,
nicht die Zeit,
das Zeitgefühl zu verlieren,
so dachte ich noch
vor Minuten.

Jetzt lieg ich,
deiner Anziehungskraft erlegen,
urteilslos offen
und genieße,
wie deine Hände zärtlich
alle Gedanken
aus meinem Kopf massieren.

Berührung

Dein Lächeln tanzt
mit meinen Mundwinkeln
Entzücken,
und deine Hände legen
sich auf meine Haut
wie ein ganz leichter Vogel,
der sich vor Übermut
in einen Abendtraum verfliegt,
mit Flügeln aus Kerzenlicht.

Gegenwart

Wenn ich nichts weiß,
ist deine Haut viel weicher,
dein Gesicht noch schöner,
deine Hände streicheln
mich zärtlicher.

Wenn ich mich
an nichts mehr erinnere,
ist unsere Liebe noch inniger,
das bloße Atmen berauschend,
blütengleich öffnet sich
mein Herz der Sonne
deines Lächelns.

Wenn ich alles vergesse,
selbst das Vergessen,
dann bin ich leer genug,
um deine Gegenwart
in ganzer Fülle
aufzunehmen.

Tief unter der Haut

Jetzt, wo du schon
seit einer Stunde weg bist,
spüre ich erst wirklich,
was du mir
in den Körper gelegt hast
an Genuß und Glück.

Ich brauche nicht
an dich zu denken,
wenn ich dich
so in mir fühle.

Stark genug

Du faszinierst mich
immer aufs neue,
weil deine Liebe
mich nicht fesselt,
sondern befreit –
denn sie ist stark genug,
mich nicht zu schwächen
und zu beschneiden,
aus Angst,
ich könnte ihr entwachsen.

Sie weiß,
solange sie sich
nur selber treu bleibt,
ist es ihr Licht,
dem ich entgegensteige.

Viel zu viel

Es ist mehr als eine wunderbare Zeit,
die man nicht vergißt.
Es ist mehr als ein Spiel,
mehr als überwältigende Zärtlichkeit.
Es ist mehr als ein Abenteuer,
dessen Zauber man lange noch vermißt,
mehr als ein wildes Strohfeuer.
Es ist viel zu viel –
und dürfte doch nicht weniger sein.

Mehr und mehr

Sonnenkind, Blumenkind,
tanzender Baum, singender Wind –
du bist schön in unserem Glück!
Dein Gesicht ist
nicht von dieser Welt,
wenn zwischen uns nichts zählt
als nur der Augenblick
mit seinen unendlichen Möglichkeiten.
Ich liebe es so sehr,
wenn unsere Gefühle
sich in ihrer Freude weiten –
das schmeckt nach mehr
und mehr und immer mehr . . .

Herzenswunsch

Von einem
magischen Trampolin
mit einem Jauchzer
hoch in die Lüfte springen

in die Arme
einer Liebesgöttin
nach meinem Geschmack

und mit ihr
im Wolkenbett
Himmel und Erde
von Herzen
durcheinanderbringen.

Lebenszeitmaß

Ich liebe,
also bin ich.

Und wenn ich
hundert Jahre alt werde:
gelebt habe ich nur
in den Zeiten,
in denen ich liebte.

Hinter dem Paravent

Wir sitzen uns
gesittet gegenüber,
jeder auf seinem Stuhl,
und streicheln die Vorsicht
auf unserem Schoß
wie eine schnurrende Katze –

doch unsre Seelen
umarmen sich heimlich
hinter dem Paravent.

Für morgen

Das Telefon macht mir
die Eintönigkeit
aller Worte bewußt.

Bunt ist das Leben
meiner Gefühle zu dir –
Sprache dagegen grau.

Morgen kommst du!
Allein diese Worte
klingen farbenfroh.

Freier Fall

Fallen lassen
möchte ich mich
tiefer und tiefer
in unser Vertrauen
in diese Liebe,
bis es mir wie Schuppen
von den Augen fällt –

und ich mein Ich
nicht mehr sehen kann.

Laß uns teilen

Bleib mir heute mit
Sachlichkeit vom Hals,
küß mich dort lieber.

Laß uns teilen,
was der Augenblick uns schenkt,
und die Musik machen,
zu der unsre Gefühle tanzen
wie lange nicht mehr.

Unsere Umarmung

Unsere Umarmung war ein
einziges stilles Gelächter,
eine Aha-Erlebniskette
aus lauter kleinen
Prickelperlen des Aufgehens
in das weit offene Herz
des Lebens zwischen uns.

Zauberregen

Als plötzlich die
Musik deiner Zärtlichkeit
meine Seele freispielte
und keinen Gedanken
in meinem Kopf zurückließ,
wurde mein Herz
zu einer Blumenwiese,
auf die es Zauber regnete
nach langer Trockenzeit.

Sieh nur

Meine Grenzen sind
wie vom Erdboden verschluckt
nach dem Erdbeben
deiner Leidenschaft.

Ich liege offen vor dir
wie ein Obstgarten zur Erntezeit.

Sieh nur, seine Früchte
fallen dir in den Schoß.

Hoffnungsvoller Fall

Aus allen Wolken
fiel ich
in ein Meer
von Lust
an unsrer Liebe.

Kein höheres Leben
kann ich mir denken,
als mich immer tiefer
darin zu versenken.

Kommt leise

Kommt leise von hinten,
lächelt in den
Spiegel überm Waschbecken
mir zu,
küßt mir
den müden Rücken wach,
kümmert sich nicht
um die Pasta
auf der Zahnbürste
in meiner Rechten –

gehe ich schon wieder
mit ungeputzten Zähnen
ins Bett.

Standort

Du gehst mir nach,
du gehst mir nah,
und ich bin weit
davon entfernt,
mich von dir
zu entfernen,
stehe ich doch
zu deiner freien
Verführung.

Umarmungen

Deine Umarmungen
haben den Winter
lächerlich gemacht.
Meine Stiefel hinterlassen
eine flache Spur im Schnee,
die Kälte macht
den Atem sichtbar –
doch um mein Herz
ist sonniger Süden.

Die Straßen sind vereist –
ich bin verreist
ins warme Klima
deiner Seelenlandschaft.

Woher ich kam,
weiß ich nicht mehr.

Wo ich jetzt bin,
gehöre ich hin,
denn meine Heimat ist,
wo Liebe wächst.

Unversehrt

Von den tausend guten Gefühlen,
die ich für dich empfinde,
faß ich keins in Worte.

So bleibt mein Schweigen unversehrt
und sagt dir mit lautloser Stimme
alles, was mein Herz über dich denkt.

Der Weg ist das Ziel

Der Weg ist das Ziel,
wenn Traum
und Wirklichkeit verschmelzen.
Der Moment ist das Glück,
wenn Worte und Gedanken flüchten
vor dem Glanz
unsrer Gefühle füreinander.

Als wir Urlaub machten

Als wir Urlaub machten
im Land unserer Sehnsucht,
am Strand der Phantasie,
tanzte das Sonnenlicht tausendfach
auf dem Meer der Zeitlosigkeit –
und helle Freude spielte in uns
ihre neuesten Lieder
im Rhythmus unserer Herzschläge.

Ein Narrenschiff zog vorbei,
nicht weit entfernt,
die Segel bunt –
mit Kurs auf die Insel
hinter dem Tor des Regenbogens.

Wir winkten den Träumern an Bord zu,
wünschten eine märchenhafte Reise
und baten um baldige Flaschenpost
an die Adresse unsrer Liebe.

Im Freien

War das schon so,
bevor ich dich kannte,
daß mir der Herbstwind
mit seinen kühlen Händen
so feurig durch die Haare fuhr
und Wolken mit den
verschwenderischen Farben
des Sonnenuntergangs
mir Bilder malten,
die mein Herz im Betrachten
schwerelos vor Entzücken machten,

als ich im Freien stand
und nicht mehr wußte,
wer ich war –
ohne mich zu vermissen.

Leicht

Pure Lebensfreude
funkelte aus deinen Augen,
als unser Lächeln eins wurde
und uns über die
Grenzen des Alltags trug,
als seien wir
leicht wie Luft,
leicht wie ein
ungedachter Gedanke,
leicht wie ein wirklich
werdender Traum.

Wir auch

Ich umarme die Decke,
unter der du geschlafen hast,
atme den Duft,
den deine Haut zurückließ
und höre unsere Musik,
während du vielleicht schläfst
und von mir träumst –
wie ich von dir träume
mit offenen Augen
und offenem Herzen.

Unsere Seelen
haben sich entdeckt.
Nicht nur das Schicksal
wollte es so.

Wir auch.

Küsse des Lebens

Es tut so gut,
mit dir zu lachen
und plötzlich zu erwachen
aus dem Alltagsschlaf
und zu erleben,
was wirklich ist –

und zu spüren,
genau das ist es,
was ich vermißte,
diese unverhofften
Küsse des Lebens
auf die Lippen
des atemlosen Augenblicks.

Sprachlos

Du hast mir gesagt,
meine Liebe
sei das Schönste,
was dir in deinem Leben
begegnet ist.

Und ich war sprachlos,
weil ich weiß,
daß du meinst,
was du sagst.

Dir so viel
gegeben zu haben,
gibt mir so viel.

Im Bann

Alles ist verzaubert,
wenn ich es bin,
alles ist magisch,
wenn mein Blick es ist –

im Bann der zeitlosen Zeiten,
für die ich lebe –
ohne die ich nicht lebe.

Mit und ohne

Wir erkennen uns
mit offenen
und mit
geschlossenen Augen.

Wir brauchen uns
nichts weiszumachen.

Wie könnte ich da
schwarz für uns sehen?

Mein Ziel

Es ist nicht mein Ziel,
dich glücklich zu machen.

Es ist mein Ziel,
so zu leben,
daß ich so glücklich bin,
daß mein Glück
dich glücklich macht.

Traumpost

Kurz vor dem Einschlafen
öffnet sich mein Herz für dich,
das den ganzen Tag lang
verschlossen war.

Doch ich kann dir
meine Gefühle nicht zeigen,
weil du schon schläfst
und ich dich nicht wecken will.

Also schicke ich sie
dir in deine Träume.

Im Mondlicht

Wir gingen langsam
im Mondlicht über die Hügel.
Das Rauschen des Meeres
drang zu uns hinauf,
der prächtige Sternenhimmel
verzauberte unsere Schritte,
die Sommerluft duftete
nach purem Leben.

Ich habe dir nicht gesagt,
daß ich mich
wie neugeboren fühlte,
daß ich glücklich war.
Ich habe geschwiegen
und ich werde immer schweigen,
wenn ich an diese Nacht denke.

Ich werde die Augen schließen,
das Zirpen der Grillen hören
und deine Hand in meiner fühlen.

Weißt du was?

Du sagst,
meine Wärme hilft dir,
so natürlich zu sein.

Weißt du was?

Deine Natürlichkeit
hilft mir,
so warm zu sein.

Ein roter Stern

Ich habe die Kraft
und die Schönheit,
die Wärme und Sanftmut
deiner Seele gespürt
und mich zärtlich berührt
und verzaubert gefühlt.

Du hast gestrahlt wie ein Stern
am Himmel meiner Seele,
ein roter Stern,
dessen Licht mir
eine Minute Ewigkeit schenkte.

Reiner Urlaub

Das Zusammensein mit dir
ist reiner Urlaub
von der Alltäglichkeit.

Nach ein paar Stunden
in deiner Gegenwart
kehre ich erholt und entspannt
in meine Welt zurück
und sehe alles mit anderen,
besseren Augen –

weil sie in deine gesehen haben.

Offen

Sage die magischen Worte,
meine Sinne sind offen
für die geheime Botschaft.
Ich könnte
das Unsichtbare sehen,
das Unhörbare hören,
das Unverständliche verstehen.

Sage die magischen Worte.
Nein – schweige sie.

Hochgefühl

Das Hochgefühl
zwischen uns
ist kein Zwischenhoch,
es ist ein stetiger Aufwind,
der uns in die schönsten
Höhen tragen kann,
wenn unsere Herzen
leicht genug sind,
sich ihm anzuvertrauen.

Traumwelt

Alles ist so leicht
in der Welt der Liebe,
alles ist zu schön,
um nicht wahr zu sein.

Im freien Raum meiner Träume
besucht meine Seele diese Welt,
als würde sie erst wirklich erwachen,
wenn mein Körper schläft.

Der Sinn vereint

Die Welt der Sinne
ist nicht die Welt des Sinns.

Die Augen sehen nicht
das verborgene Licht,
die Ohren hören nicht
die lautlose Musik,
die Fingerspitzen fühlen nicht
die ursprüngliche Gestalt,
die Zunge schmeckt nicht
die Nahrung der Seele,
die Nase riecht nicht
den Duft des Unvergänglichen.

Die Sinne sind begrenzt,
der Sinn ist grenzenlos.
Die Sinne trennen,
der Sinn vereint
den Erkennenden mit der Erkenntnis,
den Schenkenden mit dem Geschenk,
den Liebenden mit der Liebe.

Ein bunter Hut

Ich werde
einen bunten Hut tragen,
wenn ich zu dir komme,
und mein Lächeln
wird dir das Sonnenlicht schenken,
das meine Lippen
auf dem Weg zu dir
aufgefangen haben.

Ich werde dich sprachlos begrüßen
und mir wünschen,
daß Sprachlosigkeit uns erfaßt
und uns vom Boden der Worte
in den Himmel des Unsagbaren trägt,
wo Seelen schweben und tanzen,
die ihre Ängste zurückgelassen haben
irgendwo in der sogenannten Realität.

Dein Besuch

Ich sah Licht
in deinen Augen,
das funkelnde Leben
in deinem Gesicht,
die unbändige Freude
in deinem Lachen.

Ich sah Sinn
in deiner Nähe,
tiefe Klarheit
in deinen Gedanken,
spürte die Schönheit
deiner Nähe beim Abschied.

Dein Besuch war ein Geschenk,
das mich reich gemacht hat.

Im Bann des Abends

Leuchten will ich mit dir,
funkeln im Bann des Abends,
den Sternen glitzernde
Botschaften schicken,
wortlos, wunschlos,
im Augenblick geborgen,
unzerstörbar, unbesiegbar –
solange der Zauber wirkt.

Alle Frauen der Welt

Alle Frauen der Welt
sah ich in dir –
in einem lichten Augenblick.

Ich will sie alle lieben,
jeden Moment eine andere –
und hoffen, daß die Zeit reicht.

Gefunden

Ich finde
dich in mir.

Du findest
dich in mir.

Wir finden
uns ineinander.

Vielleicht,
weil wir uns nicht
gesucht haben?

Offene Fragen

Magisch genug?

Am Ende unsrer Worte
steht ein zweideutiges Schweigen
zwischen dir und mir,
das einerseits eine Mauer ist,
andererseits eine offene Tür
sein könnte.

Es hängt alles davon ab,
ob wir magisch genug sind,
durch eine Mauer zu gehen.

Hoffnung

Dein langes Schweigen
sagt gegen mich aus.
Bin ich schuldig
an der Verletzung
deiner inneren Grenzen?
Bin ich schuldig
an der Mißachtung
deiner verborgenen Ängste?
Habe ich die ungeschriebenen Gesetze
deiner Lebensweise übertreten?

Ich sitze
auf der Anklagebank
des Wartens,
immer noch gefesselt
von der Hoffnung
auf einen Freispruch
aus Liebe.

Rätsel

Sie hat Niveau
auf allen Ebenen:
Kopf, Herz und Bauch.
Sie hat Magie, Esprit
und Phantasie, ist schön
wie eine Vollmondnacht
und hat mich stark
und schwach gemacht.
Sie kann Gitarre spielen,
singen, tanzen, dichten;
nicht mal auf Kochkunst
brauch ich bei ihr zu verzichten.
Und das gewisse Etwas
hat sie im Überfluß.
Sie anzuschauen
ist ein Genuß.

Sie liebt mich
ohne Rücksicht auf Verluste
und vertraut mir.

Warum hab ich bloß
Angst vor ihr?

Liebesgesetze

Jede Liebe hat
ihre eigenen Gesetze.
Leider sind sie
immer ungeschrieben,
sehr verschieden
und zu allem Überfluß
in ständigem Fluß –
also regelrecht
gesetzlos.

Ausnahme

Die Dornen deiner Ängste
waren sorgfältig
mit Liebe umgeben.
So hab ich mich
an ihnen nicht verletzt,
als ich dir nahe kam.

Daß Liebe Angst umhüllen kann
wie eine Frucht ihren Kern,
war mir neu.

In der Regel ist es umgekehrt.

Auf der Kippe

Feiner noch als
ein Spinnengewebe waren
die Fäden zwischen uns,
die du durchtrennt hast
mit deiner Angst,
dich zu verlieren
in der Nähe zu mir.

Die Leere zwischen uns
tut sich mir auf
wie ein hungriger Mund.

Doch will ich
ihn noch füttern?

Mein Herz steht
auf der Kippe zwischen
Ja und Nein.

Auf welcher Seite
steht die Zeit?

Wohngemeinschaft

In deinem Herzen
wohnen drei Männer.
Der erste bietet
dir Geborgenheit,
der zweite stillt
deinen Durst nach Abenteuer,
der dritte füttert
deine Eitelkeit.

Und klopfe ich
an deine Tür,
stecken sie ihre Köpfe
aus deinem kleinen Fenster
und schauen mich groß an.

Sie sehen alle nicht
besonders glücklich aus.
Ist es ihnen vielleicht
zu eng in deinem Haus?

Innerer Kampf

In mir kämpfen meine Angst
vor deinen Ängsten
gegen mein Vertrauen
in dein Vertrauen schon
seit Tagen gegeneinander.

Heute hast du dich
ängstlich auf die Seite
meines Vertrauens gestellt,
aber das hat den Kampf
nicht entschieden.

Wir haben eine schöne
Entwicklung gestört oder zerstört.
Gestört – wenn das Vertrauen siegt.
Zerstört – wenn die Angst siegt.

Noch ist alles offen.

Die Melodie des Lebens

Das Leben ist kurz,
aber kein Gedicht.
Es ist bunt,
aber kein Bild.

Es ist eine Melodie.
Wenn du sie
mit ganzer Seele hörst,
sagt sie dir alles,
was du wissen mußt.

Zwischen den Zeilen

Wenn du
im Buch des Lebens
zwischen den Zeilen liest,
verstehst du und gehst
den schnellsten Weg zum Glück,
umarmst den Augenblick,
der es gut mit dir meint.

Und du wirst nicht verstehen,
warum du nicht eher
verstanden hast.

Dann schon

Gib deine Hoffnung auf,
sie paßt mit der Wirklichkeit
nicht unter einen Hut,
hat sich schon längst
als Illusion entpuppt,
als sinnloser Kreislauf.
Niemand bekommt all das,
wonach er sich sehnt –
aber was ist daran so schlimm?

Das Leben steckt
voller Vergeblichkeiten.
Entscheidend ist,
sie möglichst schnell zu erkennen
und sich von ihnen zu lösen.

Dann steckt das Leben
voller Möglichkeiten.

Fragen nach Mitternacht

Warum gießt du
Wasser ins Feuer,
wenn du frierst?

Warum bekämpfst du
den unverhofften Zauber,
wenn Nüchternheit
dich langweilt?

Warum tanzt du nicht,
wenn die Musik spielt,
die du dir gewünscht hast?

Warum atmest du nicht
die schöne Atmosphäre ein,
nach der du dich gesehnt hast?

Warum fragst du dich nicht,
was ich mich frage?

Frag sie

Deine Schönheit ist
ein heimliches Verbrechen,
dein Lächeln ein Tatort.

Und deine Seele,
sie will spielen,
sie will Macht.

Hast du sie
schon einmal gefragt,
warum sie die Liebe
so ganz vergessen hat?

Sie wird nicht antworten,
aber danach wird alles
anders für dich sein.

Doch du hast Angst

Du erwartest zu viel von mir,
wenn du von mir erwartest,
nicht zu viel von dir zu erwarten.

Ich erwarte nur das,
was möglich ist –
weil ich es spüre.

Du spürst es auch.
Doch du hast Angst davor.

Erwarte nicht von mir,
daß ich sie mit dir teile.

Wir werden sehen

Wie kann ich wissen,
ob ich mit dir reden mag,
wenn ich nicht weiß,
ob wir uns etwas
zu sagen haben?
Wenn ich nicht weiß,
wie du aussiehst –
von außen und innen.

Zeige mir deine Gesichter –
und wir werden sehen.

Noch nicht alles

Ich habe dir noch nicht
alles über mich erzählt,
nicht die ganze Wahrheit,
doch nicht aus Geheimnistuerei.

Ich warte auf den Augenblick,
der mich dazu einlädt
und mir die Angst nimmt
vor deiner Reaktion.

Deine Ängste

Deine Ängste schwächen mich,
deine Skepsis fesselt mich,
und ich kann nicht frei sein
und dir zeigen,
was ich nicht sagen kann.
Ich verliere mich und dich
im Labyrinth unserer Worte.

Ich kenne den Weg
ins erfüllende Schweigen,
wo wir uns finden könnten.

Doch würdest du
jetzt meine Hand nehmen
und die Augen schließen?

Willst du das?

Willst du wirklich
eine Mauer zwischen uns setzen,
die immer dort stehen wird?
Willst du wirklich
etwas so Wunderbares
einfach aufs Spiel setzen?

Wenn du es wirklich willst
und wirklich tust,
werde ich an dir zweifeln,
vielleicht sogar verzweifeln.

Und wir werden
einen großen Schatz verlieren,
ohne zu erfahren,
wie groß er wirklich war.

Wie kannst du?

Wie kannst du
einen anderen lieben
und so offen zu mir sein,
dich so gut mit mir fühlen,
mich so tief berühren –
um mich dann so kühl
zu behandeln?
Wie kannst du?

Weil du einen anderen liebst.

Zwei Fragen

Ich finde,
wir könnten uns
mehr geben,
ohne uns etwas
zu vergeben.

Findest du nicht auch?
Oder suchst du nicht?

Kleine Frage

Wann schicken wir
die sogenannte Realität
wieder nach draußen
und lächeln uns
das wirkliche Leben zu?

Sind wir uns nah,
sind wir dem Sinn nah.

Worauf wartest du?

Worauf wartest du?
Du hast nichts zu verlieren
als eine Kollektion
von interessanten Masken,
hinter denen du
dein Gesicht versteckst.

Wann sagst du dir
endlich die Wahrheit
und entsagst dem Schein?
Wann fängst du an,
einfach du selbst zu sein?

Eigentlich

Eigentlich bist du unfrei,
weil du Angst hast vor Gefühlen,
die du nicht kontrollieren kannst.

Eigentlich bist du unglaubwürdig,
weil dein Verhalten und deine Worte
zwei verschiedene Sprachen sprechen.

Eigentlich sehe ich
keine Chance mehr,
seit ich gesehen habe,
wie du mit Chancen umgehst.

So nicht

Ich muß nicht wichtiger
für dich sein als die anderen,
die dir nahestehen,
brauche keine Rangliste anzuführen,
möchte aber auch nicht
Schlange stehen vor deinem Herzen
und zu lange warten müssen
auf deine Zeit für uns.

Sonst kann ich dir nicht geben,
was ich dir geben kann.

Dein versäumtes Leben

Dein ungelebtes Leben
klagt dich an:
der Feigheit, der Bequemlichkeit
und der Angst vor der Liebe.
Seine Klagen schmerzen dich,
machen dich krank.
Dein Leidensdruck wächst,
dein Lebensmut sinkt.

Ich würde dir gern helfen,
doch du kannst einen Freund
von einem Feind nicht unterscheiden,
denn dein versäumtes Leben
hat dich blind gemacht.
Du traust niemandem,
nicht einmal dir selbst.

Doch ohne Mut,
ohne Vertrauen in dich
und in das Leben
wirst du weiter im Kreis gehen
und von allen Menschen denken,
daß sie dich nicht verstehen.

Logische Frage

Du bist meilenweit
von mir entfernt,
im Land der Sorgen
um deine Zukunft.

Ich sitze allein
hier in der Gegenwart
und frage mich,
warum wir eigentlich
zusammensitzen.

Fast schon komisch

Ist es nicht
fast schon komisch,
wie wir unser Wiedersehen
immer aufs neue verschieben –

als hätten wir Angst,
zu dem Bahnhof zu gehen,
wo unser letzter Zug
auf uns wartet,
weil wir befürchten,
auch ihn zu verpassen?

Die Angst vorm Fliegen

Die größte Feindin der Liebe,
der Erkenntnis und der Weisheit
ist die Angst vor dem Neuen,
dem Unbekannten, Unberechenbaren –
also letztlich vor dem Leben.

Doch welchen Sinn hat es,
Angst vor dem zu haben,
was uns geboren hat
und was uns sterben läßt?

Kein Vogel hat Angst vorm Fliegen.
Deine Seele will fliegen, muß fliegen,
um sich nicht selbst zu vergessen.
Hindere sie nicht daran
mit deiner Angst vorm Absturz,
sonst verkümmern ihre Flügel.

Und du wirst traurig,
ohne zu wissen warum.

So betrachtet

Wir kennen uns jetzt
schon ein halbes Jahr.
Ein halbes Jahr hat
über viertausend Stunden.
Davon hast du uns
etwa zehn gewidmet.

So betrachtet sind
deine Gefühle für mich
gleich Null.

Trotzdem zweifle ich
nicht an ihrer Echtheit.

Leider

Mein wahres Ich
leidet darunter,
daß dein wahres Ich
ihm nicht vertraut.

Je länger es leidet,
desto mehr verliert es
seine Fähigkeit,
deinem wahren Ich
zu vertrauen.

Zeitfrage

Bis du erkennst,
daß zwischen uns
etwas Bedeutendes
geschehen ist,
wird, wie ich dich kenne,
noch einige Zeit vergehen,
wahrscheinlich zu viel.

Ich werde nicht warten,
nichts von dir erwarten,
doch solltest du dich
wider Erwarten
rechtzeitig besinnen,
bin ich bereit,
den Weg mit dir
noch einmal zu beginnen.

Aus und vorbei

Das falsche Wort

Du hast ein schönes Licht
in mein Leben gebracht,
und du hast es
wieder verlöschen lassen.

Was zwischen uns
wirklich werden sollte,
nannten wir Freundschaft,
aber das war das falsche Wort.

Es war etwas,
das wir nicht kannten –
und nicht kennenlernen werden,
weil wir uns nicht
über den Weg dorthin
einig werden konnten.

Sagen und Tun

Was du gesagt
und was du getan hast,
steht auf zwei
verschiedenen Blättern.

Das Blatt deiner Worte
hab ich weggeworfen.
Sie sind schön,
aber nicht wahr.

Das Blatt deines Verhaltens
erzählt die wahre Geschichte.
Und die ist nicht schön.

Keine Worte mehr

Du fragst mich,
warum ich dir
nichts mehr sagen will,
als würde dir
noch etwas fehlen –

doch daß ich dir
nichts mehr sagen will,
sagt doch alles.

Dein Korb

Du hast mir
einen Korb gegeben –
einen Korb,
aus Angst geflochten,
randvoll mit
unterdrückten Sehnsüchten
nach einem
freien Leben der Gefühle.

Ein trauriges Geschenk.

Fassaden

Ich habe kein Interesse
an deinen Fassaden,
so hübsch sie auch aussehen mögen.
Fassaden tun mir weh;
ich stoße mich an ihrer Härte.
Mich interessiert nicht mal
die Tür,
hinter der du
du bist –
ich klopfe
auf Holz.

Wenn du sie öffnest,
kann ich dich schließlich sehen,
bei dir bleiben –
oder weitergehen.

Was ich nicht will

Ich habe dir die Tür
zu meinem Herzen geöffnet,
doch du bliebst wie angewurzelt
auf der Schwelle stehen,
als wüßtest du nicht,
was du willst.

Nun habe ich
die Tür geschlossen
und werde sie dir
nicht mehr öffnen,
denn ich weiß,
was ich nicht will.

Vom Glauben und Zeigen

Ich habe nur geglaubt,
was ich glauben wollte.

Du hast nur gezeigt,
was du zeigen wolltest.

Jetzt glaube ich
nicht mehr an das,
was du mir zeigst.

Und zeige es dir.

Rückenwind

Nun weht mir
der Wind der Enttäuschung
den Staub deiner
leeren Worte ins Gesicht.

Ich schließe die Augen
und drehe mich um.

Jetzt habe ich Rückenwind,
der mir helfen wird,
leichter von dir zu gehen.

Schade

Du sagst mir,
du hast Angst,
jemanden zu verletzen.

Schade, daß ich
derjenige bin,
den du verletzt hast –
mit deiner Angst,
einen anderen zu verletzen.

Viel gelernt

Ich habe viel gelernt
aus den Enttäuschungen,
die du mir bereitet hast.

Fast möchte ich dir dafür danken.

Ich sehe jetzt viel schneller,
wenn jemand mit mir spielt
und nicht mit mir fühlt,
wenn jemand seine Vorteile sieht
und nicht unsere Möglichkeiten.

Orientierung

Ich will nicht mehr
mit dir gehen
in deinem Tempo.

Ich möchte dich
nicht mehr sehen
zu deinen Bedingungen.

Ich kann dich
nicht mehr verstehen
mit meinem Herzen.

Ich orientiere mich
an meinen Träumen,
in denen du
nicht mehr erscheinst.

Nur geträumt

Am besten,
ich sage mir,
ich habe das mit dir
nur geträumt.

Denn in der Wirklichkeit
hat es keine Zukunft.
Dann muß es auch dort
keine Vergangenheit haben.

Weil du nicht weißt

Deine Beteuerungen,
nicht mit den Gefühlen
anderer Menschen zu spielen,
gehören zu deinem Spiel
mit den Gefühlen
anderer Menschen.

Ich glaube,
du glaubst, was du sagst –
weil du nicht weißt,
was du tust.

Nur so lange

Wenn du dich hinter
einer Maske verborgen hast,
war deine Maske lebendiger
als das wahre Gesicht vieler anderer.

Wenn du mir
etwas vorgespielt hast,
war dein Spiel wirklicher
als die Wirklichkeit vieler anderer.

Wenn du nur
so getan hast als ob,
war deine Verstellung überzeugender
als die Ehrlichkeit vieler anderer.

Aber nur so lange,
wie ich die Wahrheit
nicht wahrhaben wollte.

Eine hohe Kunst

Ich glaubte,
diesmal würdest du
in meiner Nähe bleiben,
doch du warst wieder nur ein Gast,
wie schon beim ersten Mal.

Vieles wiederholt sich
und verliert dadurch an Reiz,
doch unsere Wiederholung war
intensiver als die Premiere,
im anfänglichen Gelingen
wie im späteren Scheitern.

Es ist eine hohe Kunst,
darüber zu lächeln.

Lieber gar nicht

Du wolltest es nicht so tief
zwischen uns haben,
aber auch nicht so oberflächlich
wie mit den anderen.

Irgendwo in der Mitte,
sagtest du,
und ich wußte,
es würde nicht gehen,
wenn es nicht seinen
eigenen Weg gehen dürfte.

So verging es,
denn es wollte lieber gar nicht sein,
als mittelmäßig zu werden.
Es wollte lieber Vergangenheit sein,
als keine Zukunft zu haben.

Hübsch verpackt

Wir konnten uns über die Gestaltung
unserer Beziehung nicht einig werden.
So ist es doch nett gesagt,
so ist unser Scheitern hübsch verpackt.
Wir konnten uns nicht einig werden,
obwohl wir uns viel zu geben hatten.

Oder vielleicht gerade deshalb?

Wollen und Brauchen

Du hinderst mich daran,
dir zu geben, was du brauchst,
aus Angst, daß es etwas ist,
was du nicht willst.

Also bewahre ich es für einen anderen,
dieses seltene Geschenk,
dessen Wert nur der versteht,
bei dem Wollen und Brauchen eins sind.

Das feine Glas

Nun ist es zerbrochen,
das feine Glas,
gefallen aus lieblosen,
ungeschickten Händen
auf den harten Boden
der Enttäuschung,
zersprungen und verloren
wie der magische Trank,
den es enthielt,
an dem du nur
ängstlich genippt hast –
zu wenig,
um verzaubert zu werden.

Weil du glaubtest,
unsere Zukunft zu kennen,
hast du sie verkannt.

Manchmal fast glücklich

Manchmal war ich
fast glücklich
in deiner Nähe,
obwohl ich ahnte,
daß ein Abgrund uns trennte,
der im Grunde nicht
zu überbrücken war.

Doch ich verdrängte meine Ahnung,
um manchmal fast glücklich zu sein,
bis sie sich über Nacht
in Gewißheit verwandelte –
und ich erkennen mußte,
daß eine Gewißheit
sich nicht verdrängen läßt.

Was ich nicht kann

Ich kann keinen Menschen verlieren,
den ich nie wirklich gefunden habe,
kann keine Freundschaft beenden,
die nie richtig begonnen hat,
kann mich nicht
von jemandem distanzieren,
dem ich nie wirklich nah war.

Mich kann nicht traurig machen,
was mich nie glücklich gemacht hat,
und ich kann keine
verpaßte Chance bedauern,
die sich mir nie geboten hat.

Deshalb habe ich nichts verloren,
als ich dich verlor –
denn ich hatte nichts gewonnen.

Entscheidungsfreiheit

Nur was sich frei entwickeln kann,
entfaltet seine ganze Schönheit.
Zwang unterdrückt meine Seele.
Ich muß frei sein,
um lieben zu können.
Und ich muß lieben können,
um frei zu sein.

Wenn ich mich entscheiden müßte
zwischen einer Liebe,
die mir die Freiheit stiehlt,
und einer Freiheit,
die mir die Liebe nimmt,
ich würde die Freiheit wählen.

Wer mich besitzen will,
wird mich verlieren.
Wer meine Freiheit achtet,
wird meine Treue spüren.

Sonne von morgen

Du bremst die Entwicklung
meiner Gefühle zu dir
durch die zu langen Pausen
zwischen unseren Begegnungen.

Ich muß vieles zurückhalten,
was ich dir geben möchte,
und so verliert es
Tag für Tag an Leben,
bis es Schnee von gestern ist,
den die Sonne von morgen
erst einmal auftauen muß.

Das kleinere Übel

Es ist besser,
dich nicht zu kennen,
als immer aufs neue
von dir verkannt zu werden.

Es ist besser,
dich zu vergessen,
als immer aufs neue von dir
vergessen zu werden.

Es ist besser,
etwas zu beenden,
was eigentlich nie begonnen hat.

Die Gunst des Augenblicks

Du bittest mich
nicht zum ersten Mal um Zeit,
doch Geduld war noch nie
eine meiner Stärken.

Ich will nicht darauf warten,
daß du irgendwann
in ferner Zukunft erkennst,
daß wir eine Gegenwart
zu leben haben.

Meine Zukunft will ich teilen
mit denen, die mich empfangen
und nicht ins Wartezimmer bitten,
die eine Chance als solche erkennen
und die Gunst des Augenblicks nutzen.

Das Leben ist zu kostbar,
um es mit Warten zu vergeuden –
auf etwas, das vielleicht nie kommt.

Im Grunde ein Sieg

Du meinst,
ich sei dir nicht
weit genug entgegengekommen.
Ich meine das gleiche von dir.

Was auf den ersten Blick
wie eine Meinungsverschiedenheit wirkt,
ist im Grunde
eine Verschiedenheit der Seelen,
die beim besten Willen
nicht zu überbrücken ist.

Und was
auf den ersten Blick
wie ein Scheitern aussieht,
ist im Grunde
ein Sieg der Wahrheit.

Wünsche und Träume

Oasen der Erinnerung

Die üppige Wiese am Hang
im heiteren Maisonnenlicht
mit ihren hohen Grashalmen
und unzähligen Butterblumen,
die der leichte Wind
so anmutig zum Tanzen bringt –
dieses prächtige Grün
voller gelber Punkte
ist nichts als Schönheit.

Es gibt Oasen
in jeder Wüste,
es gibt Idyllen
in jeder Nüchternheit,
es gibt zauberhafte Orte,
an denen man
alles vergessen kann,
was man vergessen muß,
um sich zu erinnern.

Entlastungsvorschlag

Warum so viel
dem Zufall überlassen?
Der ist ohnehin überlastet
von der Unzahl
unerfüllter Sehnsüchte.

Wenn wir endlich
all das Schöne tun,
wovon wir nur
zu träumen wagen,
wird es traumhaft schön
zwischen uns zugehen.

Notiz

Nicht vergessen:
die ständige Erneuerung
der Liebe
ist ein Ding
der Möglichkeit!

Probieren
geht über
Resignieren.

Naturgewalten

Das sind Urkräfte,
die uns zueinander ziehen –
magnetische Naturgewalten,
denen wir nicht trotzen könnten,
selbst wenn wir es wollten.

Laß uns noch tiefer vertrauen
und höher aufeinander bauen,
bis keine Hindernisse
uns mehr die freie Aussicht
auf unsre Möglichkeiten rauben.

Wenn nicht

Mein letzter Brief
an dich ist nur Papier,
genau wie der davor.
Kein Brief und keine Worte
werden jemals der Wahrheit
zwischen uns entsprechen können.
Einen kleinen Schritt näher
kommt ihr das Schweigen.
Wirklich nahe kommt sie
nur sich selbst –
das heißt, sie käme es,
wenn wir ihr nicht
im Weg ständen.

Ein hoher Berg

Deine Liebe steht vor mir
wie ein gewaltig hoher Berg,
den zu besteigen es mir
an Kraft und Verwegenheit fehlt.

Wäre ich eine Wolke,
ich könnte seinen Gipfel umarmen
und meinen Regen
seinen Blumenhängen schenken.

Der letzte Zug

Heute fährt mein letzter Zug.
Wir treffen uns am Bahnsteig.
Du erkennst mich an meinem
viel zu schnellen Herzklopfen.

Diesmal kann ich nicht bleiben,
wenn du nicht mitkommen kannst.

Versehen

Ich wollte dir etwas zeigen,
was du nicht sehen wolltest.

Ich wollte etwas sehen,
was du nicht zeigen wolltest.

Ich habe mich versehen.
Du hast es mir gezeigt.

Vielleicht so

Dich finden,
ohne mich zu verlieren.

Mich dir geben,
ohne mich aufzugeben.

Dich verstehen,
ohne mich zu übersehen.

So könnte es gehen.

Was ich mir wünsche

Du gibst mir nicht alles,
was ich brauche.

Du gibst mir vieles,
was ich nicht brauche.

Das mag normal sein,
aber das Normale
hat mir nie genügt.

Ich wünsch mir,
was mich wunschlos macht.

Hoffentlich

Du sagst,
du möchtest weicher werden,
du seist zu hart geworden
in der letzten Zeit.

Hoffentlich nicht zu hart.

Sonst kann ich nicht
so weich sein,
wie ich sein kann.

Sei nicht traurig

Große Gefühle können fallen,
wenn sie über
kleine Hindernisse stolpern,
denn sie sehen in den Himmel.
Und irgendwann können sie
nicht wieder aufstehen
und so tun,
als sei nichts gewesen.

Sei nicht traurig,
ich habe genug Traurigkeit
für uns beide.

Abendgedicht

Der Abend kommt.
Ich fühle mich besser,
kann sogar lächeln,
obwohl ich keinen Grund
dazu habe.
Ich lächle die Dunkelheit an,
lächle den Kummer an,
und ich weiß,
morgen werde ich aufwachen
und mich gut fühlen
und nicht mehr fragen,
warum du so viel aufgegeben hast,
das du mit so wenig
hättest retten können,
und ich werde lächeln
über das Kind in mir,
das so schön
von dir geträumt hat.

Eigentlich wollte ich

Ich versinke
in meinem Verständnis,
während du mir deine
Enttäuschungen aufdrängst,
als hätte ich nicht selbst
schon genug erlebt.

Ich ertrinke
in meinem Verständnis
und strecke meine Hand aus,
damit du sie ergreifst
und mich rettest.

Eigentlich
wollte ich mit dir in
Lebensfreude schwimmen.

Zu gut

Es ist zu viel,
um so wenig zu bleiben.

Es ist zu gut,
um ungenossen zu verderben.

Es ist zu schön,
um nicht wahr zu sein.

Es ist zu zauberhaft,
um in Ernüchterung zu enden.

In diesem Augenblick

Unser Lächeln
stieg immer höher,
durchbrach die
Wolkendecke der Angst –

und schenkte uns
den freien Himmel
einer möglichen Liebe.

Leider wuchsen uns
in diesem Augenblick
keine Flügel.

Karussell

Für dich,
unbekanntes Mädchen,
habe ich diese Zeilen,
die du nie lesen wirst.
Ich sehe dich noch immer
auf dem Geländer sitzen
an der Haltestelle Schwabentor,
und irgend etwas ist an deiner Haltung,
das dich aus allem um dich herum
herauslöst und befreit.
Ich weiß genau, du träumst –
und die vorbeidröhnenden Autos
sind für dich nichts weiter
als ein Karussell von bunten Farben.

Ich wollte bremsen
und einfach zu dir gehen,
dich nicht verstören,
nur eine Weile bei dir stehen –
aber da waren Autos
hinter mir im Rückspiegel,
die schoben mich fort von dir
in eine Einbahnstraße
ohne Parkplatz.

Zu klein

Die Chance,
die du uns geben willst,
ist mir zu klein,
viel zu beschränkt.
Ich brauche Grenzenlosigkeit,
um mich zu entfalten.

Wenn du einmal so frei bist,
mir deine seelische Landschaft
ohne Zäune und Mauern
zur Entdeckung anzubieten,
laß es mich wissen.

Meine Seele kann nur
eine freie Seele küssen.

Unerwünschtes Geschenk

Ich habe dich
zu meinem Geburtstag eingeladen –
in der Hoffnung,
daß du mir etwas Freude
schenken würdest.
Doch du brachtest mir
ein Problempäckchen mit,
das mir die Freude
über dein Kommen zerstörte.

Du wolltest eben ehrlich sein.

Aber sag ehrlich:
wozu dieses traurige Geschenk,
das du dir hättest schenken können.

Ein gewisses Etwas

Wenn wir ganz
nah zusammen sind,
entsteht etwas,
das stärker ist als mein Wille.

Aber es muß auch
stärker sein als dein Wille,
damit es sich entfalten kann.

Guter Verlierer

Eines schönen Tages
werde ich wieder glücklich sein,
zufrieden und beschwingt,
und die Trauer wird vergangen sein
wie die sinnlosen Gedanken an dich.

Unser Spiel hatte keinen Sieger.

Ich will ein guter Verlierer sein,
denn ich möchte
meine Lebensfreude wiedergewinnen.

Seiltänzer

Wir haben zusammengehalten,
als das Seil nicht mehr hielt,
auf dem unsre Träume
zueinander balancierten,
mit schlafwandlerischer Sicherheit.
Wir blieben lieb zueinander
nach dem bösen Erwachen
und spannen jetzt ein Netz
unter das neue Seil:
das hält,
was unser Hochgefühl verspricht.

Für immer du

Frischer Zauber

Tiefes Einatmen bist du,
wolkenloser Himmel,
hoher Genuß bist du,
ausgelassene Freude
in meinem Herzen,
frischer Zauber bist du –

verwandelst eine graue Straße
in eine Traumlandschaft
mit einem einzigen Lächeln.

Magnetismus

Wie kannst
du nur befürchten,
ich könnte mich
unterwegs verirren –

wenn alle Wege,
die ich gehe,
zu guter Letzt
mich zu dir führen?

Deine Mängel

Es mangelt dir
an Egoismus,
Gewöhnlichkeit,
an List und Tücke
und Berechnung.
Es mangelt dir
an Herrschsucht,
Rücksichtslosigkeit,
an Härte, Kälte,
Gleichgültigkeit.

Darum mangelt
es mir nicht
an Liebe zu dir.

Sternschnuppe

Dich hat der liebe Gott
in einer Sonntagslaune
aus einer Sternschnuppe
gezaubert und auf
die Welt gesetzt.

Nun stehst du vor mir,
und ich weiß nicht,
was ich mir
mehr wünschen könnte.

Deine Rückkehr

Zartes, feines Mädchen,
jetzt bist du zurückgekommen,
hast doch noch einmal
an die Tür geklopft,
die ich dir damals
nicht öffnen konnte –
aus Angst sicherlich,
aus Schwäche vielleicht.

Länger als ein Jahr
hast du gezögert –
welch ein Geschenk
hast du mir heute
mit deinem Besuch gemacht!

Froh wie ein Schmetterling
über einer bunten Blumenwiese
hast du mich zurückgelassen,
und ich gebe dir mein Wort:
Du wirst nie wieder
vergeblich meine Nähe suchen.

Fortschritte

Wir brachten es fertig,
uns zu entdecken im Großstadttrummel,
brachten uns Zuneigung entgegen,
brachten es weit mit unsrer Beziehung,
in jeder Beziehung –
einmal sogar so weit,
daß wir sie beenden wollten,
brachten es aber nicht übers Herz.
Statt dessen brachten wir
sie wieder auf die Beine.

Jetzt bringen wir ihr bei,
nicht mehr zu fallen
in die Fallen,
die das Miteinander
mit sich bringt.

Deine sanfte Weise

Deine Berührung geht tief
und sie wirkt in mir nach
wie eine leise Melodie,
die immer wiederkommt.

Ich liebe deine sanfte Weise –
sie ist so fein und schön,
daß ich sie niemals
leid sein werde.

Ich glaube fast,
sie ist ein Meisterwerk.

Traumhafte Leichtigkeit

Du söhnst mich aus
mit den Widrigkeiten
des Alltäglichen,
bringst mich ins Gleichgewicht,
in Harmonie mit mir selbst.

Und mir gelingt
das gleiche auch mit dir,
als würden wir uns
gegenseitig ausbalancieren –
mit einer Leichtigkeit,
die ich sonst nur
aus meinen Träumen kenne.

Die Tage mit dir

Du hast mich bestärkt
und gefestigt in dem,
was ich wirklich bin.
Mit deiner Natürlichkeit
hast du mich spielend
zu meiner Natur geführt.
Die Tage mit dir ließen mich
die Jahre ohne dich vergessen.

Mit dir zusammen
fühle ich mich stark genug,
das Spiel gegen die Zeit,
unsere große Gegnerin,
zu gewinnen.

Lebenslicht

Dein Blick
ist Lebenslicht
in den Augen
meiner Seele.

In deiner Nähe
wird das Wort Vertrauen
zu einer Wirklichkeit,
die freudig überrascht.

Erwachen

Aus totengleichem Schlaf
hast du mich
wach gestreichelt,
und ich fand:

mein Leben liegt
in deiner Hand.

Das Beste wählen

Wenn du zu mir kommst,
laß uns Schönes erleben!

Laß uns nicht
die Stunden verreden,
sondern der Stille
zwischen uns lauschen.

Laß uns das Beste wählen,
was wir zusammen sein können –
in der beschränkten Zeit,
die wir uns gönnen.

Weil du es bist

Weil du es bist,
springe ich lächelnd
über meinen Schatten,
versetze meine Zweifel
in den vorzeitigen Ruhestand
und lehre meine Ängste
das Fürchten.

Ich will mich wieder öffnen.
Aber nur, weil du es bist.

Knospen

Ich kam zu dir mit leeren Händen,
doch als ich ging,
nahm ich Geschenke von dir mit:
die unsichtbaren Gaben deines Wesens,
das mich anzieht
wie ein Lächeln das andere.

Du gibst mir Knospen,
wenn ich bei dir bin –
und bin ich eine Weile fort,
gehn sie zu Blüten in mir auf,
und ich verstehe ihren Sinn.

Daß du mich verzauberst,
wenn ich in deiner Nähe bin,
sagte ich dir vor ein paar Tagen.
Aber eben,
als ich in den Spiegel sah
und deine Art, mich anzuschauen,
in meinem Blick erkannte,
da mußte ich es mir selber sagen.

Berührungslust

Die Art,
wie du gehst
und stehst,
fasziniert mich,
und ich möchte
dich berühren,
hautnah spüren
und mich mit dir in
purer Berührungslust
verlieren.

Diamant

Du bist nicht
wie die meisten anderen,
dir fehlt es an Fehlern.
Äußerlich und innerlich
bist du die Ausnahme
von der Regel,
daß viel Schatten lauert,
wo viel Licht sich verströmt.

Du bist wertvoll,
ohne es zu wissen –
ein Diamant,
der sich für Glas hält.

So vieles an dir

Neulich sagtest du mir,
meine Liebe stehe
immer neben dir,
und wenn mal was daneben gehe,
flüstere sie dir ins Ohr:
„Macht nichts."

Gestern gingen wir nebeneinander
durch die Straßen,
und plötzlich mußte
ich dich mitten auf
dem Gehweg an mich drücken,
denn deine Art,
neben mir zu gehen,
ließ mir keine andere Wahl.

So vieles an dir kommt zu mir,
als wäre es das erste Mal.

Deine kleinen leisen
Küsse durchs Telefon –
wie bunte Liebesperlen,
die vom Ohr direkt
in den Bauch kullern.

Dein langes Schweigen,
das mir so sachte hilft,
überflüssige Worte ungesagt
abzuwerfen wie Sandsäcke
beim Aufstieg in größere Höhen.

So vieles an dir,
das mich trifft und bewegt
und mir durch und durch geht.

Wenn der Clown in dir
zu tanzen anfängt
und verrückte Kußhände
in mein Herz wirft.

Wenn das kleine Mädchen
in dir nackt und vertrauensvoll
sich in meine Achselhöhle kuschelt
und wie berauscht
unserem Atem lauscht.

So vieles an dir,
das mich immer wieder
überrascht und rührt –
und sanft und sicher
ins Innerste
des Lächelns führt.

Unverhofft

Ich bin froh,
dich zu kennen,
einen Platz in deinem
Herzen zu haben
und deinen Zauber
zu genießen,
der mich mit Freude
und Erleichterung erfüllt,
während ich im Bett liege
nach einem langen Tag,
an dem ich so viel
Sinnloses getan habe,
daß ich nicht mehr
mit deinem seelischen
Besuch gerechnet hätte.

Wie du mich
manchmal beschenkst!

Es ist dein Lächeln

Es ist dein Lächeln,
an dem ich mich
nicht satt sehen kann –

dein Lächeln,
mit dem du den Augenblick
so kostbar machen kannst,
daß ich zu atmen vergesse.

Es ist dein Lächeln,
das unsagbar Schönes sagt –
mit einer Anmut,
die mich sprachlos macht.

Für immer du

Ich bin dem Leben dankbar,
daß es mich zu dir führte,
denn in dir finde ich,
was ich bei anderen vermißte.

Ich habe dich liebgewonnen,
ich hatte keine andre Wahl.
Du bist für mich etwas Besonderes
und wirst es immer sein.

Und darum wünsch ich mir,
daß ich dich nie verlier.

Liebesgedichte von Hans Kruppa –
poetische Gedanken und Gefühle aus der Herzensmitte

Hans Kruppa, 1952 in Marl geboren, studierte Anglistik und
Sport in Freiburg und lebt seit 1981 als freier Schriftsteller in
Bremen. Er ist einer der meistgelesenen deutschen Lyriker und
Erzähler. Seine Gedichte und Erzählungen sind in mehr als
einer Million Bücher veröffentlicht. „Unsere Träume, unsere
Sehnsüchte und bunten Hoffnungen wollen ernst und wichtig
genommen werden. Wer sie verdrängt, unterdrückt das Beste
in sich und wird ein hohler Mensch." (Hans Kruppa)

In gleicher Ausstattung ist erschienen:
Hans Kruppa: Nur du. Liebesgedichte. ISBN 3-451-27279-2

Pressestimmen
„Kruppa bringt die Sache auf den Punkt. Poesie einer Anrufung
des andern, in der sich jedes Paar wiederfindet. Die Erkenntnis
über die Liebe kommt ganz von selbst."
(Bieler Tagblatt)
Kruppas Gedichte „sind keine Kopfgeburten, sie sind aus dem
Gefühl, aus der Herzmitte getane Äußerungen."
(Deutsche Tagespost)
„Kruppa vermittelt durch seine Arbeiten Hoffnung,
Lebensbewältigung, Kraft. Und das macht ihn so wichtig."
(Passauer Neue Presse)

Mehr Information über den Autor im Internet:
www.hans-kruppa.de